AF289841

Suivez l'actualité de l'auteur sur son site :

www.christian-adam.fr

illustrations et couverture : Sabine Larequie

Copyright : 2020, Christian Adam

Edition : BoD-Book on Demand

12/14 rond-point des Champs-Elysées, 75008 Paris

Impression : BoD, Norderstedt, Allemagne

ISBN 9782322259878

Dépôt légal : novembre 2020

Loi n°49-956 du 16 juillet 1949 sur les publications destinées à la jeunesse, modifié par la loi n°2011-525 du 17

LE CARROUSEL DES VIRUS

Le monde des virus expliqués aux enfants

DOCTEUR CHRISTIAN ADAM

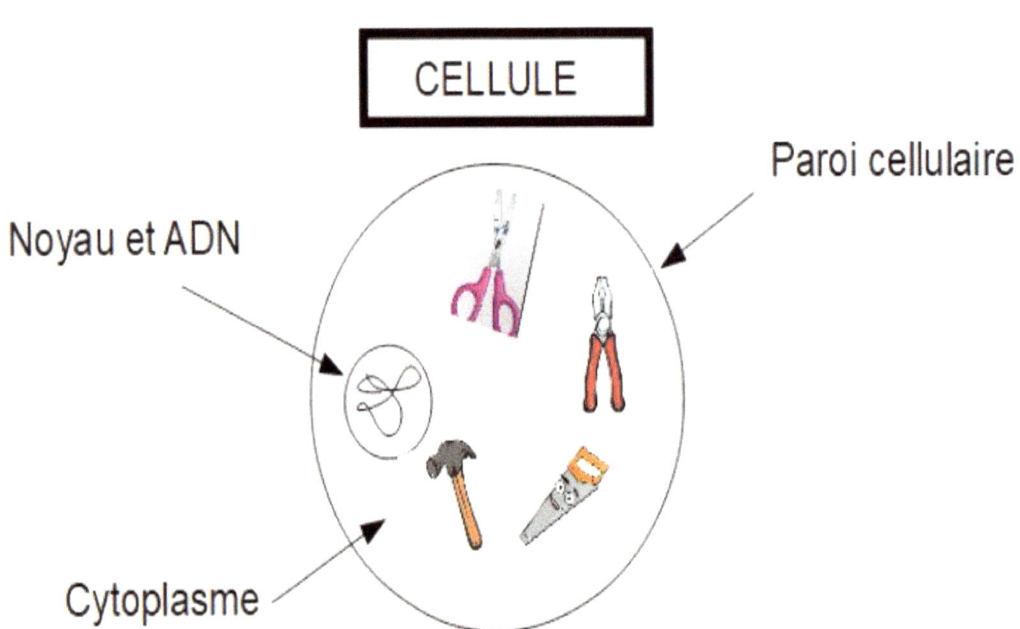

CELLULE
Paroi cellulaire
Noyau et ADN
Cytoplasme

LES FORMES DE VIE

Notre monde réunit de nombreuses formes de vie. C'est le fruit de l'évolution qui a permis, à partir de quelques atomes, de voir apparaître les formes de vie les plus différentes.

Les humains sont les êtres vivants les plus évolués parce que doués d'intelligence. Mais les petites grenouilles sont quand même des êtres vivants très évolués. Elles mangent et se déplacent sur terre quand elles en ont besoin. Elles se reproduisent aussi seules. Elles sont formées de milliers de petites cellules qui ont, chacunes, leur travail à faire, comme différentes petites usines. Et c'est l'ensemble, comme un orchestre de musiciens, qui chacun à sa place, fait sa petite part du travail. Dans ces formes de vie pluricellulaire les cellules individuelles sont spécialisées dans certaines tâches. Et elles forment des groupes organisés en tissu qui constituent les organes. Par exemple le cœur ou les reins ou les poumons.

Il y a d'autres formes de vie plus simple. Les bactéries par exemple. Ce sont des êtres vivants unicellulaires. C'est-à-dire, formés d'une seule cellule qui fait tout. Mais elle fait beaucoup moins que plusieurs cellules bien organisées. Et à cause de cela, souvent c'est un être parasite. Il ne peut pas vivre tout seul. Il lui faut s'attacher à un autre être vivant pour vivre en profitant du travail de l'autre.

Une cellule est constituée d'une membrane qui la protège du milieu extérieur. A l'intérieur de cette membrane il y a le cytoplasme et le noyau. Le cytoplasme c'est l'ensemble des outils dont dispose la cellule pour vivre. Une multitude de petites usines qui fabriquent différentes choses sous les ordres du noyau. Le noyau c'est le cerveau de la cellule. Il contient les plans de tout ce que fait la cellule. Ces plans sont un long message qui constitue l'ADN de la cellule. On verra plus loin comment cela fonctionne.

Enfin la forme de vie la plus simple est le virus. Il ne peut survivre que dans les cellules d'un autre être vivant. Sinon il disparait. Il a absolument besoin du travail d'un autre, plus évolué que lui, pour rester vivant et pour se reproduire, parce qu'il n'a pas les usines du cytoplasme de la cellule. Il va donc se servir des usines installées dans les cellules vivantes.

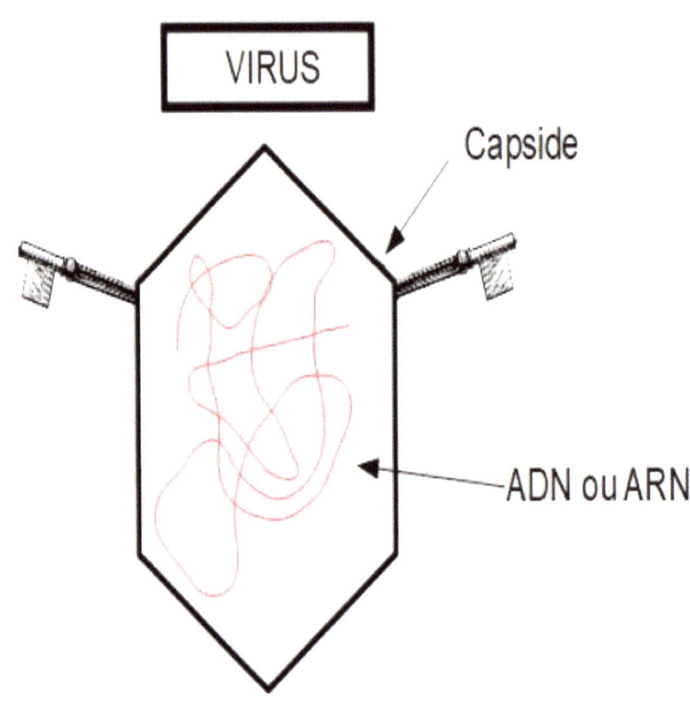

VIRUS
Capside
ADN ou ARN

LES VIRUS

Si on compare un virus et une cellule, le virus est infiniment plus petit. Par rapport à un gratte-ciel c'est une petite tête d'épingle. On ne peut pas le voir, même avec un microscope. Il faut des instruments très spéciaux pour voir les virus. Souvent on ne les voit pas, on les devine. On utilise des réactions chimiques très compliquées qui permettent de savoir qu'ils sont là, mais pas de les voir.

Mais on sait quand même à quoi ressemble un virus. C'est comme une enveloppe qu'on appelle capside. Dans la capside, il y a un message secret qu'il faut décoder pour pouvoir le lire. Ce message s'appelle ARN ou ADN.

Et pour décoder le message, le virus à besoin de l'aide d'un autre être vivant. Il doit entrer dans une cellule vivante et utiliser les outils qui sont dans cette cellule. C'est la cellule qu'on appelle « cellule-hôte », et qui va faire tout le travail.

Elle va décoder le message. Puis elle va le recopier de nombreuses fois. Dans le message, il y a par exemple les instructions pour fabriquer la capside du virus et la cellule va donc aussi fabriquer cette capside.

Quand la cellule aura bien travaillé et fabriqué des messages et des capsides, le virus va se reconstituer en réunissant la capside et le message. Des petits virus sont nés. Ils vont sortir de la cellule et partir à l'aventure pour infecter d'autres « hôtes ». Malheureusement ce travail est épuisant pour la cellule « hôte » et souvent elle devient malade ou elle meurt.

C'est pour cela qu'on parle d'infection virale et de maladie virale.

LA CAPSIDE DU VIRUS

La capside du virus est une membrane qui protège le message codé, comme une enveloppe. C'est son premier rôle, mais ce n'est pas le seul. C'est aussi le lien que le virus possède face au monde extérieur. La capside du virus est couverte de récepteurs qui permettent au virus de reconnaître les cellules à sa portée et éventuellement de s'y accrocher.

Ce sont deux missions très importantes pour le virus. En effet son but est d'entrer dans la cellule pour y injecter son message codé. Il faut donc qu'il reconnaisse la cellule la plus adaptée à l'aider à recopier son message. Car toutes les cellules ne sont pas habitables pour un virus précis.

C'est comme cela que certains virus infectent la gorge et les poumons, alors que d'autres s'attaqueront à l'estomac et aux intestins par exemple.

Comment cela fonctionne t'il ? Les cellules sont recouvertes de récepteurs. Les récepteurs sont des structures chimiques qui ressemblent à une serrure. Il faut la bonne clef pour entrer dans la serrure et la faire fonctionner. La capside du virus est couverte de clefs. Le virus qui veut s'accrocher à une paroi cellulaire, doit donc avoir la bonne clef pour entrer dans la serrure et ouvrir une porte pour entrer dans la cellule. Les serrures ne sont pas les mêmes sur les cellules du poumon ou sur celles de l'intestin. C'est ce qui explique que certains virus s'attaquent exclusivement à certains types de cellules. On appelle ces cellules des cellules cibles.

Quand le virus est bien accroché à la serrure et que la porte s'ouvre, il envoie son message dans la cellule. Le message viral va se cacher dans l'ADN de la cellule pour donner ses propres ordres aux usines du cytoplasme et fabriquer le message viral et l'enveloppe virale. Le message viral entre dans son enveloppe et un nouveau virus est né. La cellule va ainsi travailler essentiellement pour multiplier le virus qui s'échappera alors de la cellule pour aller en infecter une autre.

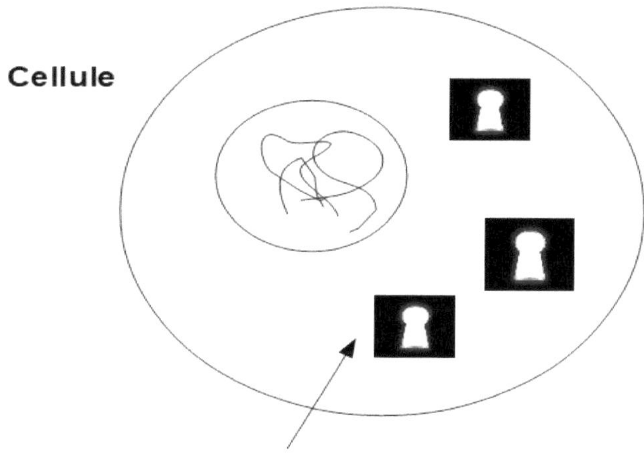

Récepteur de la membrane.
Selon la cellule, les serrures sont différentes

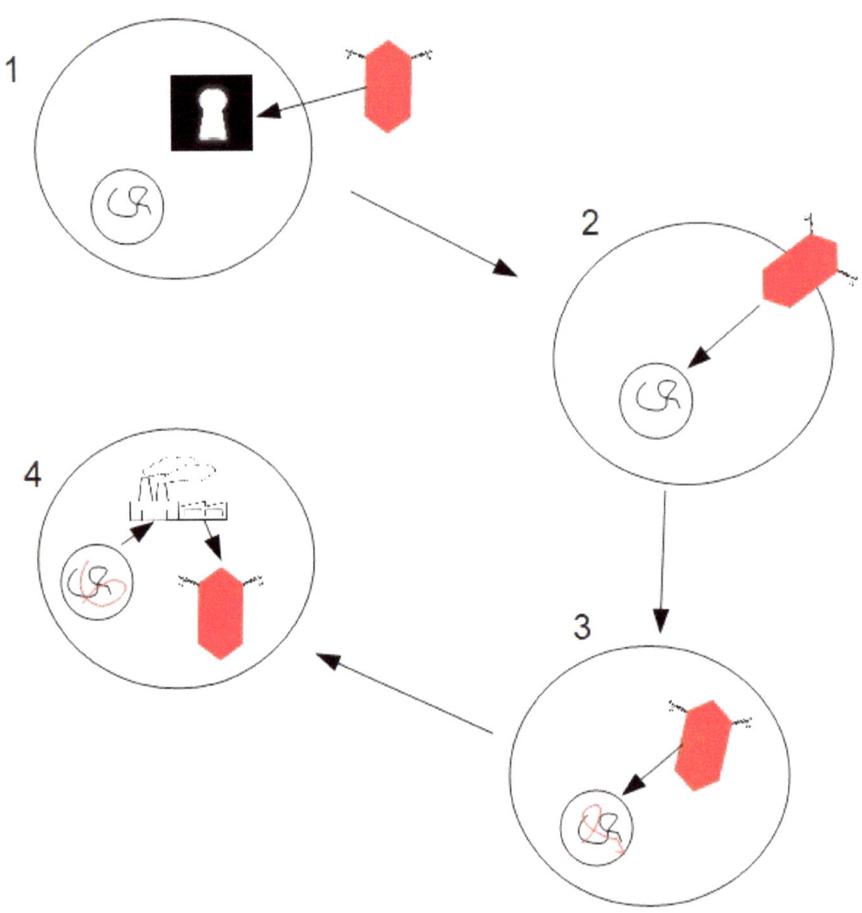

COMMENT LE VIRUS SORT-IL DE LA CELLULE ?

Cela dépend du virus.

Soit, il se fond dans la membrane cellulaire et la traverse. On appelle cela le bourgeonnement.

Soit, il épuise la cellule qui meurt et explose en libérant les nouveaux virus qu'elle contient.

Le résultat n'est pas le même, puisque dans la deuxième méthode la vie de l'hôte est en danger.

Mais il y a aussi du danger pour le virus. Ce danger s'appelle l'immunité. Si l'hôte se rend compte qu'il y a quelque chose qui ne tourne pas rond, il va déclencher des mécanismes de sécurité. C'est comme si on envoyait des soldats. D'abord pour observer et reconnaitre l'ennemi, puis pour le détruire. Mais toutes les opérations militaires présentent des risques et parfois dans les combats les deux adversaires meurent.

Le virus est donc souvent en danger. L'immunité de son hôte peut le détruire.

D'autre part si c'est lui qui tue son hôte, il n'est pas tiré d'affaire car il a alors un besoin urgent de trouve un autre hôte puisqu'il ne peut pas vivre seul par ses propres moyens.

Enfin le virus a encore une autre solution : se cacher. Le message viral se glisse dans l'ADN de la cellule et s'y installe discrètement. Certains virus parviennent ainsi à modifier le génome de la cellule définitivement, c'est-à-dire modifier le message ADN de la cellule et parfois ses caractéristiques..

Le virus sort par bourgeonnement

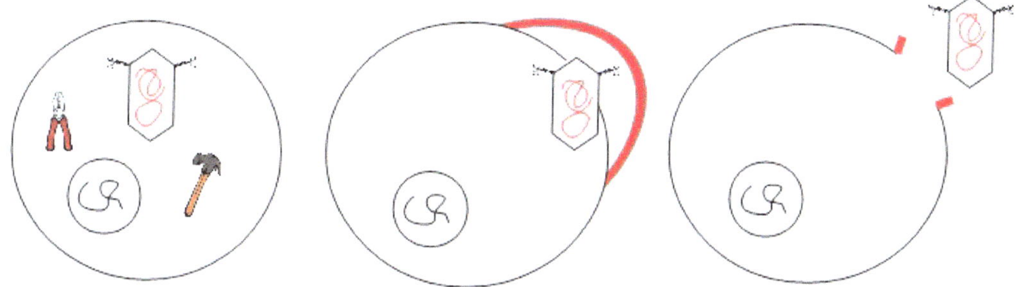

Le virus sort par destruction de la cellule

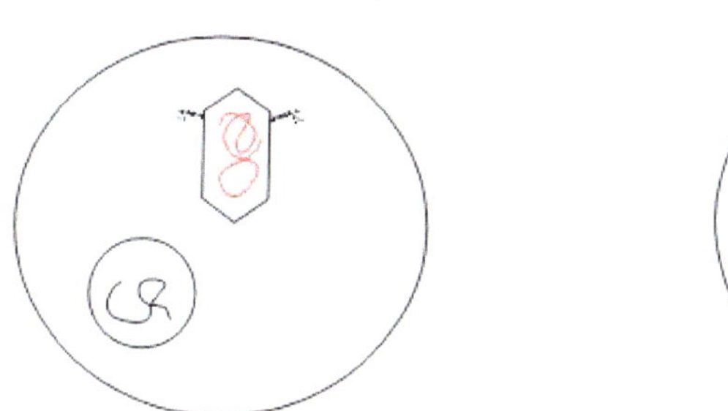
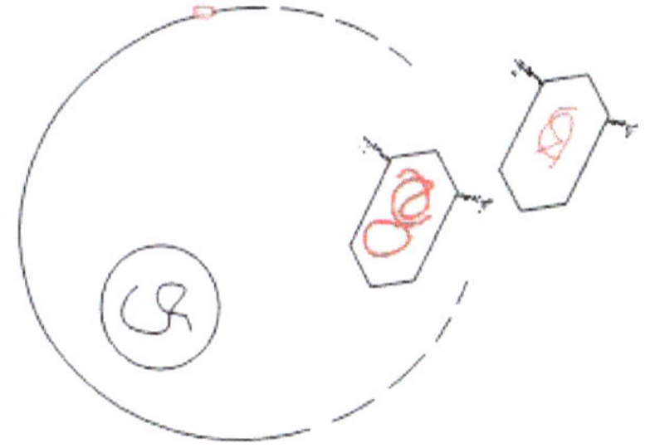

Le virus se cache

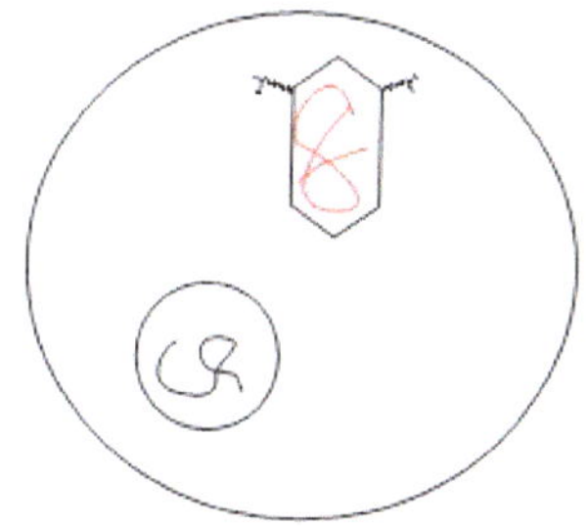
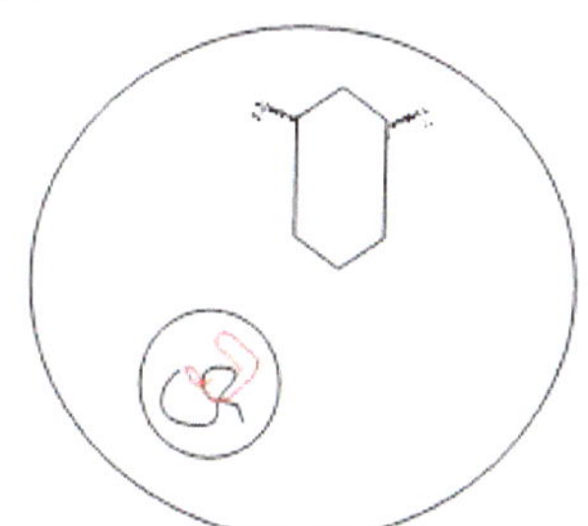

Le génome est l'ensemble des informations
de l'ADN classées par gène

GENOME, NOYAU, ADN ? QU'EST-CE QUE C'EST ?

Contrairement aux virus, les cellules vivantes ont un noyau bien séparé qui contient l'ADN de la cellule. L'ADN c'est un peu le mode d'emploi de la cellule. C'est un message où toutes les activités de la cellule sont consignées.

Le GENOME c'est l'ensemble des instructions contenues dans l'ADN du noyau. Ces instructions sont classées en chapitres qu'on appelle GENE. Un gène est le message spécifique pour une fonction de la cellule. L'ensemble des gènes constitue le génome. L'ADN est la langue du mode d'emploi.

Si on reprend l'exemple de la bibliothèque, le génome c'est tous les livres classés dans la bibliothèque, le gène c'est un livre de la bibliothèque, l'ADN c'est la langue du livre.

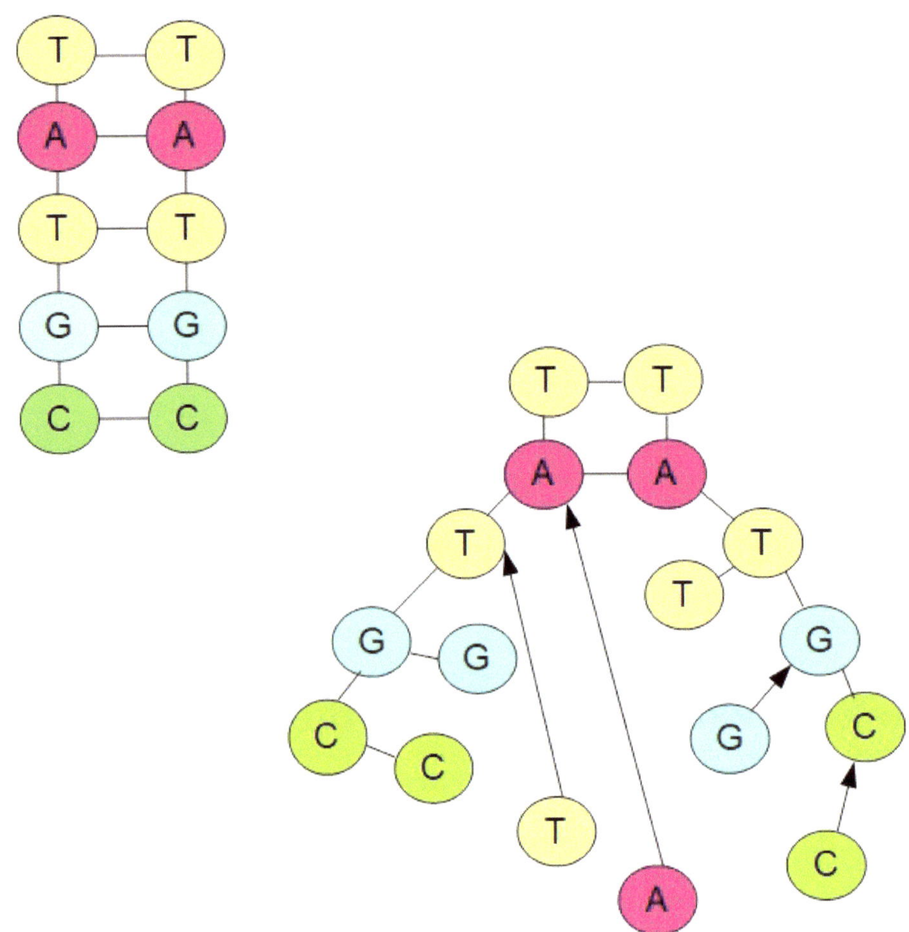

Les instructions sont rédigées dans une langue qui ne comporte que quatre lettres : le A pour adénosine, le C pour cytosine, le G pour guanine et le T pour Thymine. Ce sont les quatre molécules chimiques qui représentent chacune une des lettres.

Quatre lettres, cela parait peu, mais cela suffit pourtant à décrire tout le fonctionnement de la vie sur terre. Le nombre de combinaison est infini.

Une autre grande subtilité du système est le dédoublement de la chaine de lettre. C'est une sécurité.

Si on prend un exemple d'une chaine de lettre qui serait une instruction, ce pourrait être : A-C-T-G-C-G-T-A. Cette instruction est inscrite au milieu d'autres instructions dans une longue chaine d'instruction. Mais pour éviter tout accident, et ne pas perdre cette instruction, l'ADN est présent sous forme d'une double chaine. Chaque chaine est liée à une autre chaine identique. Il y a donc deux chaines A-C-T-G-C-G-T-A où les A sont liés au A, les T aux T et ainsi de suite.

Lorsqu'on sépare les deux chaines, la cellule fabrique vite des lettres pour reformer des paires et on se retrouve avec deux double-paires. On appelle cela la REPLICATION. C'est le mécanisme utilisé par la cellule pour se reproduire. Mais c'est aussi le mécanisme qu'utilise le virus pour se fondre dans la chaine ADN de la cellule.

Le mécanisme est très compliqué mais on peut le décrire simplement en imaginant que le virus accroche une chaine isolée de son l'ADN et que la cellule n'y voit que du feu et s'empresse de dédoubler cette chaine en rajoutant des lettres pour reformer des paires. A ce moment l'ADN viral est parfaitement mélangé à l'ADN cellulaire.

On peut encore se demander comment le message de l'ADN est lu par la cellule et comment les instructions sont transmises aux petites usines du cytoplasme. C'est un peu la même méthode que pour la réparation de la double chaine d'ADN. Mais cette fois çi, la deuxième chaine est constituée d'ARN. L'ARN est écrit avec les mêmes quatre lettres mais quelques différences chimiques en font un messager qui transporte l'information. C'est un peu comme une copie d'un plan que l'ingénieur envoie à ses ouvriers.

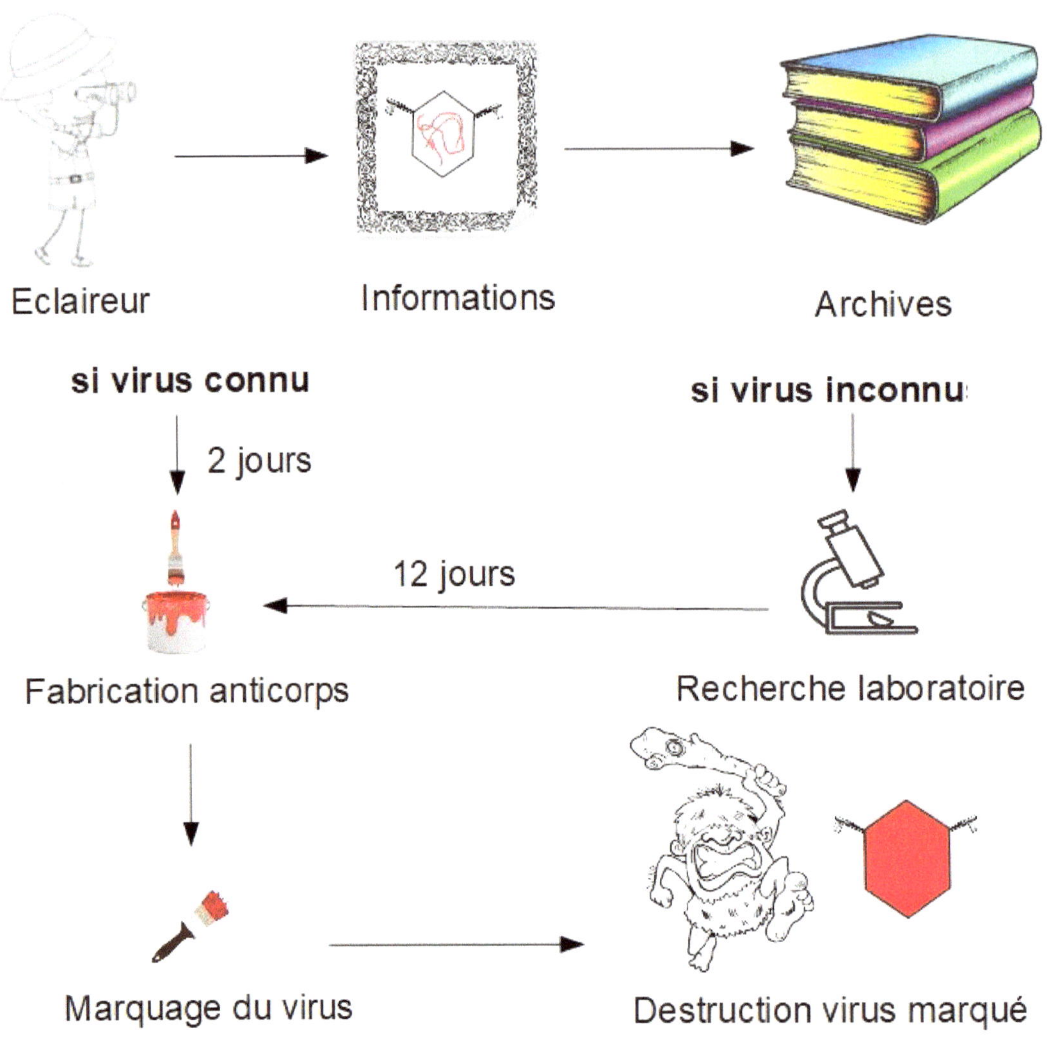

Eclaireur
Informations
Archives
si virus connu
si virus inconnu
2 jours
12 jours
Fabrication anticorps
Recherche laboratoire
Marquage du virus
Destruction virus marqué

L'IMMUNITE

Quand un organisme est infecté par un virus ses cellules envoient des signaux d'alerte. A ce moment un ensemble de cellules défensives se réveillent et partent sur le champ de bataille.

Il y a d'abord les éclaireurs qui vont observer l'ennemi de près. Ils repèrent tous les détails et caractéristiques de cet ennemi et les comparent avec les archives qui gardent en mémoire les ennemis déjà rencontrés.

Si c'est un ennemi connu, les archives en mémoire savent comment le combattre et envoient des soldats disposant du matériel nécessaire, les anticorps. Ces anticorps vont se fixer sur l'enveloppe du virus pour bien le rendre visible. Les soldats combattants suivent avec leurs armes pour détruire le virus ainsi bien clairement identifié.

Il arrive que certaines parties de la cellule soit marquées par erreur. Elles seront aussi détruites par les soldats de l'immunité. C'est ce qu'on appelle les accidents immunitaires. Cela peut avoir des conséquences tragiques et entrainer des maladies immunitaires, parfois plus dangereuses que le virus lui-même.

Si les éclaireurs découvrent un nouveau virus qui n'est pas connu dans leurs archives, ils alertent alors des services spéciaux qui viennent prendre toutes les informations pour fabriquer des armes contre ce nouveau virus. Cela prend une dizaine de jours. Toutes ces informations sont évidemment soigneusement conservées et stockées dans les archives pour éventuellement servir une prochaine fois.

Quand le virus est totalement éliminé, certains soldats restent de garde pendant un certain temps, par sécurité. On peut les repérer en cherchant des anticorps circulants qui trahissent leur présence. Quand la menace est définitivement écartée, ces soldats sentinelles et leurs anticorps disparaissent. Mais les archives restent et en cas de nouvelle attaque tout est prêt pour organiser la riposte. Dans ce cas il ne faudra que deux jours pour organiser la défense.

Le système est très efficace et est utilisé pour fabriquer des vaccins. Pour faire un vaccin on utilise une partie de l'enveloppe du virus qui soit bien spécifique du virus qu'on cherche à combattre, et qui n'appartienne qu'à lui. C'est un antigène. Quand on injecte le vaccin, l'organisme croit à une attaque et crée des anticorps, comme on l'a vu précédemment. Ceci est mis en mémoire dans les archives et l'organisme est protégé comme s'il avait déjà vraiment rencontré et vaincu le virus.

Ce n'est pas si facile d'inventer un vaccin. Il ne faut pas se tromper d'antigène et être sûr que l'antigène est bien uniquement présent sur le virus qu'on veut combattre. Sinon les soldats ne feront pas la différence et enverront leurs anticorps sur des innocents. C'est pour cela qu'il n'existe pas de vaccin pour toutes les maladies infectieuses. Certains virus se camouflent très bien et on ne peut les reconnaître avec certitude.

Il y a aussi des virus qui s'attaquent directement au système immunitaire et l'empêchent de faire son travail.

LES EPIDEMIES

Une épidémie c'est une infection qui se répand rapidement dans toutes les populations qu'elle rencontre. C'est donc le plus souvent une infection nouvelle contre laquelle la population n'est pas immunisée (justement parce qu'elle ne l'a jamais rencontrée). Si elle atteint la terre entière, on parle de pandémie.

Les épidémies bactériennes sont plus faciles à contrôler depuis qu'on a découvert les antibiotiques. Elles sont plus rares de nos jours parce qu'on dispose de vaccins d'une part et parce que l'hygiène (la propreté) s'est améliorée avec le progrès.

Les épidémies virales restent un problème. D'abord on n'a pas de médicaments pour les combattre. Ensuite les virus sont très petits et il est plus difficile de les arrêter. Enfin les virus ont une grande facilité à muter. C'est-à-dire que leurs caractéristiques génétiques peuvent rapidement changer. A cause de cela, les informations immunitaires en mémoire dans l'organisme ne sont plus exactes et nos défenses sont désorientées. L'exemple de la grippe est intéressant. C'est chaque année la même maladie qui parcourt toute la terre, en partant de Chine. Mais régulièrement le virus change d'aspect. On appelle cela une mutation. Ses caractéristiques ne sont plus les mêmes et la mémoire immunitaire ne le reconnait pas. Tout le travail de mise en mémoire doit être recommencé. Et ce cycle se reproduit régulièrement. Heureusement comme c'est un virus qu'on connait bien, c'est plus facile de refaire un vaccin. On va chercher le virus en Chine au début de l'épidémie, et on fait un nouveau vaccin qui est prêt quand elle arrive chez nous.

Car le seul moyen d'arrêter une épidémie est d'empêcher que le virus ne se transmette de personne en personne. Soit parce que les gens ont déjà rencontré le virus et sont immunisés, soit parce qu'ils sont immunisés par un vaccin.

Une autre méthode est le confinement, c'est-à-dire isoler tous les individus les uns par rapport aux autres. Malheureusement, c'est quasi impossible d'isoler tous les individus les uns des autres. Car il suffit d'un seul qui rencontre les autres pour répandre le virus...

C'est pour cela qu'en période d'épidémie il est très important de se protéger les uns des autres par ce qu'on appelle les « mesures barrières ». Dans le cas d'un virus respiratoire comme le COVID-19, le lavage des mains qui détruit le virus est essentiel car on sait que le virus passe souvent par les mains pour atteindre la bouche et les voies respiratoires. Le port d'un masque est aussi une mesure utile, car elle permet d'empêcher d'envoyer du virus hors de sa bouche. Il y a aussi certains masques spéciaux qui empêchent le virus d'entrer.

On est sauvé, on a plus de
60% de vaccinés

COMMENT SOIGNER UN VIRUS ?

Il n'y a malheureusement que très peu de médicaments contre les virus.

Il n'y a que l'herpès, le zona et l'hépatite C pour lesquels on dispose d'un réel médicament. On dispose aussi de quelques médicaments contre le SIDA.

Actuellement, il y a des progrès en cours mais leur utilisation reste quasi expérimentale et ne peut donc aider tout le monde.

Il faut bien retenir que les antibiotiques ne sont pas des médicaments contre les virus. On peut les utiliser parfois pour les complications bactériennes de l'infection virale. Mais ils n'atteignent pas le virus.

Dans une infection virale on se limite à aider l'organisme à supporter les dégâts fait par le virus. C'est ce qu'on appelle un traitement symptomatique. Cela aide à tenir le coup jusqu'à ce que l'immunité ait gagné la bataille…

On est parfois aussi amené à freiner la réaction immunitaire quand elle est trop destructrice. C'est par exemple le cas avec l'épidémie de COVID-19. Chez certains patients l'immunité est trop agressive et détruit aussi bien le virus que les cellules qu'il occupe. On cherche alors à la calmer, mais c'est très délicat car il ne faut pas la paralyser.

QUELQUES MALADIES VIRALES

La varicelle : c'est une maladie de l'enfance qui donne des vésicules qui chatouillent très fort sur tout le corps. C'est l'exemple du virus qui reste caché dans l'organisme. En général on guérit en 15 jours mais le virus reste caché dans l'organisme et peut se « réveiller » des années après pour donner un zona. Le zona ne sera pas sur tout le corps mais uniquement sur une partie qui correspond au territoire d'un nerf (un bras, une joue …).

L'herpès : c'est comme la varicelle mais cela n'atteint qu'une toute petite partie du corps. On l'appelle le « bouton de fièvre ». Là aussi le virus reste dans l'organisme toute la vie et chez certaines personnes le bouton de fièvre réapparait régulièrement.

La verrue : C'est l'exemple d'un virus qui attaque spécifiquement la peau, il n'a pas les clefs pour aller ailleurs.

Il donne un bouton dur de peau morte souvent sur les mains ou les pieds. Il n'est pas très méchant et l'organisme ne se bat pas vraiment contre lui. C'est pour cela qu'il faut enlever les verrues sinon elles se multiplient.

Le molluscum contagiosum : C'est un peu comme les verrues. Ce sont des petites boules blanches translucides sur la peau. La maladie dure parfois longtemps mais l'organisme déclenche son immunité et les molluscums finissent toujours par disparaître.

Le rhume : C'est un virus qui atteint les voies respiratoires hautes, le nez et la gorge. Ce virus est très fréquent et bien connu de notre immunité. Il ne résiste donc pas longtemps.

La grippe : C'est aussi un virus des voies respiratoires mais il va partout et est donc plus dangereux. Il est surtout dangereux parce qu'il mute. Ses caractéristiques changent souvent et notre immunité s'y perd. C'est pour cela que le vaccin change chaque année.

Le SIDA : C'est un virus très dangereux parce qu'il s'attaque à notre système de défense, l'immunité. L'organisme n'a donc plus la possibilité de le combattre. Et comme on n'a pas beaucoup de médicaments contre les virus, c'est encore plus dangereux.

L'HEPATITE A (la jaunisse) : C'est un virus qui attaque le foie, c'est pour cela que la peau devient jaune. On en guérit en général, mais il peut y avoir des conséquences pour toute la vie. Il existe aussi d'autres hépatites dont la C qu'on peut guérir aujourd'hui.

Le COVID-19 : C'est la maladie virale du moment. C'est un virus respiratoire mais qui peut faire beaucoup de dégâts. Il est d'autant plus dangereux qu'il est nouveau. Personne n'est immunisé contre lui. La plupart des gens ne sont quasi pas malades, mais ce n'est pas vrai pour tout le monde. Et ceux qui sont malades risquent de mourir. On commence à comprendre qu'ils meurent souvent à cause de leur réponse immunitaire qui est disproportionnée. Nous avons vu que le combat entre notre immunité et les virus peut parfois faire de gros dégâts non voulus. Ce virus en est un exemple.

CONCLUSION

Il y a encore beaucoup d'autres maladies virales mais ces quelques exemples suffisent à montrer la différence d'action entre les différents virus. Pourtant ils répondent tous à des règles de fonctionnement similaires que nous avons essayé de vous expliquer le plus simplement dans ce livre. Ce qui est intéressant à retenir c'est que le mode d'emploi de la vie sur terre tient dans un langage fait de quatre lettres : l'ADN.

El le virus est le plus petit être vivant à posséder de l'ADN.

TABLE DES MATIERES